NOS BONS
ÉLECTEURS

C'EST

AVEC DU FUMIER QU'ON RÉCOLTE

AU VILLAGE

PAR

EDOUARD TALBOT

DEUXIÈME ÉDITION

(25 CENTIMES)

A PARIS

LIBRAIRIE INTERNATIONALE, BOULEVARD MONTMARTRE, 15

A CAEN

CHEZ TOUS LES LIBRAIRES

1869

NOS BONS
ÉLECTEURS

C'EST

AVEC DU FUMIER QU'ON RÉCOLTE AU VILLAGE

I

Un Deuil public.

Quand on a la conscience d'avoir fait une action bonne et vaillante, on est gai, on a l'œil brillant, le front rayonnant, la parole haute et fière : tel chacun était le soir du 24 mai dans notre cité, qui se sentait vivre, joyeuse, animée, bruyante et tout heureuse d'avoir rempli son devoir de ville intelligente.

Mais plus tard (ces choses-là surviennent toujours dans l'ombre), le vote des campagnes arriva.

Le lendemain, on s'abordait comme on s'aborde dans la chambre d'un mort. Les étrangers, en voyant les habitants passer la tête inclinée ou causer à voix basse par petits groupes, se disaient : Il y a dans cette ville un deuil public.

II

Ils ne se trompaient pas, c'était un deuil public.

Il est toujours profondément triste, pour l'intelligence, de se voir écraser par la force.

Quand cette force s'annonce dans toute sa brutalité, quand elle arrive le regard sanglant, le cri furieux à la bouche, avec l'intention de détruire, on peut se mettre en défense, et si l'on tombe, c'est avec cette sorte de bonheur que donne la certitude d'avoir vendu chèrement sa défaite.

Mais succomber sous la force qui ne comprend même pas le mal qu'elle fait, sous la force qui vient, cauteleuse, le front bas, le chapeau à la main, le sourire niais sur la lèvre pendante, les genoux demi-ployés, l'échine courbée, sous la force qui, sans le savoir, appuie son soulier crotté sur les destinées de la France, les salit en les broyant, puis sentant quelque chose qui tressaille, lève son pied gauchement et reste confondue des choses splendides qu'elle a broyées... Succomber ainsi, n'est-ce pas, comme le vieux lion, être vaincu deux fois que d'être vaincu par de pareilles atteintes ?

III

L'Égoïsme.

Cependant, ce n'est pas l'ignorance seule qui a triomphé; et l'égoïsme, servilement exploité, a eu aussi sa part de responsabilité.

On a dit :

Si vous votez pour les candidats de l'opposition, votre commune n'obtiendra jamais rien.

Si vous votez pour les candidats de l'opposition, chacun de vous n'aura jamais ni pour lui, ni pour ses proches, aucune place, aucun adoucissement dans les révisions, aucune faveur, rien, absolument rien !

Si, au contraire, vous votez pour le Gouvernement, voici des *promesses* pour vos mairies, vos chemins, vos écoles, vos églises, et en attendant, voici de l'argent comptant *pour boire* et vous réjouir!

Alors, quand des hommes intelligents sont venus dire : la liberté est nécessaire à la prospérité matérielle de la France. Sans la liberté, il n'y a pas de sécurité pour le commerce et pour l'industrie, puisque la volonté d'un seul peut nous précipiter dans les hasards de traités inattendus et sans contrôle, ou dans des guerres inutiles et funestes !

Le chœur des bons paysans a répondu :

Cela ne nous regarde pas, notre clocher a besoin de réparations.

Mais voyez, depuis quinze ans, l'intelligence, sous l'effort de la compression, baissait en France ; il semblait qu'il ne devait plus surgir ni grands poëtes, ni grands écrivains, ni grands orateurs, la France n'était plus le cerveau du monde, elle s'atrophiait, elle s'éclipsait, elle glissait dans la nuit et la décadence.

Le chœur des bons paysans a répondu :

Cela ne nous regarde pas, on nous a promis un marché aux veaux pour la commune.

Mais enfin, depuis quinze ans, vos impôts ont doublé, la dette publique a doublé, les emprunts se comptent par milliards, comment cela finira-t-il ?

Le chœur des bons paysans a répondu :

On nous a donné *pour boire* l'argent des autres !.... Buvons, ce sont les autres qui paient !... le café fume, l'eau-de-vie est claire et parfumée..... l'argent nous est tombé comme la manne.... Buvons.... après boire on est fier d'être Français !... Cela finira comme ça pourra ! l'eau-de-vie coule à flots, vivent ceux qui nous font ces festins plantureux, tenons-nous en joie... et buvons !

IV

La Peur.

L'ignorance et l'égoïsme sont deux tristes mobiles, mais ce n'est pas là encore, d'après certaines gens probablement malintentionnés, qu'il faut chercher la principale cause de l'événement qui nous a tant affligés. Cette cause viendrait d'un sentiment qu'il serait plus pénible encore de rencontrer en France, ce sentiment c'est la peur ! et la peur du caractère le moins élevé, la peur d'un homme, la peur du maire.

Le maire, d'après ces même gens malintentionnés, avait visité les habitants de la commune et préparé l'élection; il avait envoyé des bulletins du candidat officiel avec les cartes d'électeurs. Ces bulletins étaient sur du papier épais tandis que ceux du même candidat qu'on distribuait dans les rues étaient imprimés sur papier mince. Au toucher, il était impossible de ne pas savoir si l'électeur mettait le bulletin officiel, envoyé officiellement.

C'était déjà très-grave, mais il y aurait eu bien autre chose le jour de l'élection.

Dans un très-grand nombre de communes, au mépris de la loi, il y avait, d'après les on dit. des bulletins du candidat officiel sur la table auprès de l'urne.

Un électeur entrait, on le regardait fixement, on l'interrogeait, on lui offrait un bulletin qu'on prenait sur la table : s'il acceptait, on mettait le bulletin dans l'urne.

Mais s'il arrivait avec un bulletin plié d'avance, souvent on refusait de le prendre autrement que plié en quatre, et il était facile alors de voir pour qui votait l'électeur.

On gardait en tous cas son bulletin longtemps entre les mains; on le palpait, on l'examinait, on prétendait qu'on avait le droit de s'assurer s'il n'y avait pas deux bulletins au lieu d'un, on l'ouvrait à demi ou même tout-à-fait et on ne le mettait dans l'urne, qu'après avoir vu pour qui l'on votait.

Ces procédés employés dès le matin étaient rapidement connus dans les communes; on savait qu'il était presqu'impossible de voter contre le candidat officiel sans que le maire s'en aperçût.

Or les maires *nommés par le gouvernement* sont des rois absolus au village, ils peuvent faire beaucoup de bien ou beaucoup de mal, nul ne se soucie de les avoir pour ennemis, et il en serait résulté que nul n'aurait osé affronter leur déplaisir.

Telle serait la principale cause du changement inouï, incroyable, opéré en un seul jour au sein de populations qui la veille encore semblaient tout autrement disposées.

Dans les chiffres des tableaux officiels on voit que plus une commune est petite, plus le contact du maire est immédiat, plus le candidat officiel a un grand nombre de voix.

Quelque triste que soit cet aveu, il faut qu'on le sache partout, afin qu'un pareil acte ne se renouvelle pas si ces faits sont vrais : l'immense majorité des habitants des campagnes ont voté par peur, et par peur du maire !

V

Vive monsieur le Maire!

Ainsi, messieurs, vous n'auriez pas osé porter en hommes libres un papier plié et affronter les regards de monsieur le Maire.

Eh bien, soit! vive M. le Maire !

Et quand les commis viendront dans vos auberges fouiller partout et vous faire payer des papiers auxquels vous ne comprendrez rien, mais qui vous enlèveront le plus clair de vos bénéfices,

Criez: Vive M. le Maire !

Quand le percepteur vous enverra une feuille avec des impositions de plus en plus fortes,

Criez: Vive M. le Maire !

Quand on prendra votre fils et les ouvriers de votre ferme pour la garde mobile, et que vous ne trouverez plus qu'à grand peine des hommes pour le travail de vos champs,

Criez : Vive M. le Maire !

Quand vous verrez partir dix enfants de votre village, qu'il n'en reviendra qu'un seul et que les autres pourriront sous la terre étrangère,

Criez : Vive M le Maire !

Quand, à force d'emprunts, les impôts augmentés feront qu'à la fin de l'année, après un travail opiniâtre, vous serez aussi pauvres qu'au commencement,

Criez : Vive M. le Maire !

Quand enfin vous ne verrez presque rien venir de ces belles promesses qu'on vous a faites, de ces belles promesses impossibles à réaliser, car il faudrait cent millions peut-être dans chaque département,

Criez : Vive M. le Maire !

VI

Mais vous n'avez donc pas compris que si vos pères avaient connu ces défaillances, que si vos pères n'avaient pas eu le courage de conquérir la liberté, que vous reniez aujourd'hui, vous seriez encore forcés de vous lever la nuit, pour aller battre dans les fossés du château les grenouilles qui troublaient le sommeil de votre seigneur.

Vous iriez encore à la corvée, sous le bâton de l'intendant, travailler trois jours par semaine, *sans être payés*, dans les champs de votre seigneur.

Vous seriez encore obligés de détourner respectueusement les yeux quand votre femme ou votre fille aurait plu à votre seigneur.

Vous verriez encore, de temps à autre, un des vôtres, pour avoir tué quelques perdrix, pendu, comme exemple, en face du château de votre seigneur.

Mais vos grands pères ne vous ont donc jamais raconté quel était leur sort avant 89.

Vous ne savez donc pas qu'avant 89, à peine quelques-uns d'entre vous portaient du drap et des vêtements chauds en hiver ?

Qu'avant 89 à peine quelques-uns d'entre vous avaient des chemises !

Qu'avant 89, pas un seul paysan, entendez-vous, pas un seul, ne mangeait du pain blanc !

C'est à la Révolution que vous devez tout. C'est elle qui vous a permis de travailler librement et de devenir propriétaires ; c'est elle qui vous a fait hommes et citoyens, car les lois monarchiques ne vous appelaient que du nom de vassaux ou de manants ; c'est elle qui vous a donné l'égalité devant la loi civile, la sécurité pour vos personnes, pour vos familles, pour vos biens !..... Oui, vous êtes les fils de la liberté, née en 89, et fils ingrats et méchants, vous ne savez aujourd'hui que frapper votre mère et de vos poings fermés la meurtrir au visage !

VII

La grande Nuit.

Mais est-ce bien contre vous qu'il faut nous irriter ? Le résultat du vote des 23 et 24 mai n'est-il pas tombé lourd et morne sur vos consciences ?

Il n'y a eu dans vos villages aucune explosion de gaieté, aucune réjouissance bruyante et vos cabarets eux-mêmes qui, pour ces occasions s'illuminent et chantent dans la nuit, contenaient à peine quelques gens qui buvaient sans bruit et comme pour s'étourdir et oublier.

Ne semblez-vous pas vous appliquer à vous-mêmes ce mot que rapporte l'un de vos vrais amis, Jean Macé.

Une dame, dit-il, apprenait à lire à une pauvre fille qui ne faisait pas de progrès. La dame s'impatientait et voulait cesser. « Oh ! madame, dit la pauvre fille, ayez pitié de moi, je suis dans une si grande nuit. »

Non, ce n'est pas contre vous qu'il faut nous irriter ; chacun de vous se disait : « Un vote de plus ou de moins ne signifie « ri n Je puis bien faire cela pour ne pas me mettre mal avec « M. le maire. » Et il s'est trouvé que chacun de ces votes s'est ajouté à un autre, et qu'il y en a eu des milliers.

Aujourd'hui, presque tous s'excusent et nul ne veut avouer qu'il a voté pour le candidat officiel, chacun de vous est tout triste et tout stupéfait du résultat du vote, et votre figure allongée semble dire : « Ne nous en voulez pas, nous sommes dans une si grande nuit ! »

VIII

Ce que la loi défend.

Non, ce n'est pas vous qui êtes les vrais coupables, ce sont ceux que vous payez pour vous servir et qui usent de vous et de votre argent comme s'ils étaient vos maîtres ; ce sont ceux qui courbent vos maires sous leur main ; ce sont ceux surtout qui commettent des actes qui devraient conduire leurs auteurs en police correctionnelle.

Ainsi, il est défendu :

D'arracher les affiches des candidats (les fonctionnaires sont doublement coupables et doublement punissables).

De palper et d'ouvrir les bulletins sous aucun prétexte !

De mettre sur la table, dans le lieu où on vote, les bulletins d'aucun candidat.

De menacer de jeter par la fenêtre l'électeur qui demande qu'on observe la loi et qu'on enlève ces bulletins.

De présenter ces bulletins à un électeur, de l'interroger, de l'intimider, de lui enlever son bulletin de la main et de le remplacer par un autre.

De faire distribuer des bulletins avec les cartes d'électeurs et d'y mettre, soit des piqûres d'épingles, soit des pains à cacheter, soit le cachet de la mairie.

De promettre à des électeurs, soit pour eux, soit pour leur famille, soit pour leur commune, des avantages afin d'influencer leur vote.

De donner de l'argent *pour boire* dans le même but.

De dire à des employés ou des ouvriers qu'on ne leur donnera plus de travail s'ils votent pour les candidats de l'opposition.

De dire que les candidats de l'opposition sont des partageux, des buveurs de sang, des gens qui ne veulent que la guillotine et le pillage. Il est vrai qu'il faut qu'un électeur soit un sot des pieds à la tête pour croire des accusations aussi ridicules, mais enfin les personnes, quelque soit leur position, qui répandent sciemment de pareilles calomnies, devraient être condamnées pour diffamation.

Toutes ces manœuvres sont punies par la loi, tous ceux qui les emploient sont bien autrement responsables que les habitants des campagnes qui ont pu en être les dupes.

Nous ne voulons pas savoir si elles ont été employées dans la circonscription de Caen, mais ce que nous savons, c'est que la ville est inquiète et soucieuse, c'est que mille rumeurs y circulent, mille faits y sont racontés ; ce que nous savons, c'est que M. de Germiny, député officiel, n'a que 175 voix de majorité sur 32,500 électeurs, c'est que dans cette situation il doit tenir à honneur de demander lui-même une enquête judiciaire.

Le juge d'instruction appellerait les témoins qui déposeraient sous la foi du serment, et la vérité serait connue.

Car, de deux choses l'une :

Ou les rumeurs sont fausses, et alors la position de M. de Germiny sera excellente et à l'abri de toute discussion ;

Ou elles sont vraies, et M. de Germiny est trop honnête homme pour accepter une position qu'il ne devrait pas à des moyens parfaitement honnêtes.

Nous attendons la décision de M. de Germiny.

IX

Les Listes électorales.

Ce n'est pas seulement dans les campagnes, ce n'est pas seulement le jour du vote qu'il y a des abus à réprimer.

Il y a d'autres préparations savantes faites longtemps à l'avance et que nous laissons s'effectuer sous nos yeux.

Nous avons dit la vérité aux habitants des campagnes, nous la devons aussi aux habitants des villes. Nous devons leur reprocher leur indifférence, leur négligence pour se faire inscrire sur les listes électorales.

Dans les campagnes, le petit nombre des électeurs rend les *omissions* difficiles, mais dans les villes elles ont lieu dans des proportions effrayantes.

On sait qu'à Paris plus de 250 mille citoyens sont *omis par erreur* sur les listes électorales. A Angers, il y en a eu près de 4 mille, et cette découverte a occasionné presque une émeute.

A Caen, il y a près de mille citoyens qui ne sont pas inscrits sur les listes électorales, et parmi eux se trouvent des marchands établis et patentés.

On les trouve pour payer l'impôt, mais il paraît qu'il n'est pas possible de les trouver pour voter.

On trouve également les jeunes gens de vingt ans pour la

conscription, pas un n'échappe, mais à vingt et un ils deviennent tout à coup invisibles pour être électeurs.

Quand des ouvriers s'absentent afin d'aller travailler dans une ville voisine, on est très-bien informé de leur absence et on les raye, mais quand ils reviennent, on ne connaît jamais leur retour pour les replacer sur la liste.

On va plus loin, on raye comme absents et même comme morts, nous en avons des exemples, des personnes qui ne votent pas, et nous serions curieux de voir l'article de la loi qui permet de faire perdre leur qualité d'électeurs à ceux qui s'abstiennent. Il est vrai que, par un hasard extraordinaire, les citoyens ainsi rayés, de même que la plupart de ceux qui ne sont pas inscrits, sont des ouvriers habitant les faubourgs.

Cependant, nous nous permettrons de faire humblement remarquer qu'il n'y a peut-être pas à Caen vingt chiens qui ne soient pas inscrits sur les registres municipaux, et que si l'on découvre bien tous les chiens pour en faire des contribuables, il ne serait peut-être pas impossible de découvrir tous les citoyens pour en faire des électeurs.

Le moyen est facile, il suffit de prendre la liste électorale sur les tableaux du recensement, et d'enlever seulement les incapables et les décédés.

Nous savons bien que les employés ne sont pour rien dans cet état de choses, mais il y a un maire qui donne des ordres, qui est responsable de ces *omissions*, et qui devra les faire cesser.

En tout cas, c'est aux citoyens eux-mêmes à faire leurs affaires, nous en avons vu des centaines qui étaient désolés de ne pouvoir voter. Ils doivent dès maintenant aller se faire inscrire, et du 15 au 30 janvier aller vérifier s'ils sont inscrits.

Il n'y a que les repris de justice qui ne peuvent pas voter ; qui donc en ne votant pas ou en se laissant rayer, voudrait se mettre volontairement, l'année prochaine, au même rang que les repris de justice ?

X

La Victoire de la Démocratie en France.

Cependant, quelles que soient les préparations savantes, quels que soient les moyens employés, quels que soient même les votes des habitants des campagnes, la force en définitive ne l'a pas emporté sur l'intelligence, et la Démocratie est au contraire désormais victorieuse en France.

A Paris et dans toutes les villes, partout où il y a des hommes pouvant voter selon leur conviction et leur conscience, l'Opposition a remporté un triomphe éclatant.

Les chiffres ont une logique irréfutable ; constatons ce triomphe par des chiffres :

Les Candidats de l'Empire ont obtenu : 4 millions 467,780 suffrages.

Les Candidats de l'Opposition, que les Préfets eux-mêmes ont qualifiés « d'hostiles au Gouvernement, » ont obtenu 3 millions 278,777 voix.

Il y a donc quatre millions pour le Gouvernement et trois millions contre lui.

Mais si l'on compare ces chiffres à ceux de 1863, le désastre pour le Gouvernement est complet.

En 1863, le Gouvernement comptait 5 millions 354,779 voix et l'Opposition seulement 2 millions 859,513 voix.

L'Opposition a gagné 1 million 400 mille suffrages, le Gouvernement en a perdu un million.

Mais ce résultat est encore plus écrasant, quand on compare les votes *donnés* à l'Empire le 22 novembre 1852.

Ils se montaient à 7 millions 508,718 voix !!!

Et aujourd'hui, 24 mai 1869, le même Empire ne recueille, sur 7 millions 783 mille votants, que 4 millions de voix et un million seulement de plus que l'Opposition.

Un jour M. Thiers, avant le coup d'État, s'écria : L'Empire est fait. M. Thiers serait peut-être assez irrévérencieux pour faire le changement d'une syllabe à son exclamation, s'il la répétait aujourd'hui.

En tous cas, le Gouvernement est désormais averti que trois millions trois cents mille Français veulent :

1° La fin du Gouvernement personnel ;

2° La fin des impôts exagérés ;

3° La fin des armées permanentes.

Le Gouvernement comprendra-t-il ?

XI

La Victoire de la Démocratie à Caen.

Si la démocratie est victorieuse en France, elle l'est aussi dans le Calvados; toutes les villes, Caen, Pont-l'Evêque, Honfleur, Lisieux, Falaise, Condé, Vire, et Mézidon, Aulnay, et d'autres communes encore qui ont eu l'honneur de voter avec la même intelligence que les villes, ont donné la majorité aux candidats de l'opposition contre le système des candidats officiels.

C'est un vote dont la Normandie doit être fière et dont on doit féliciter hautement nos concitoyens.

A Caen, cette majorité s'est accentuée de la façon la plus nette :

Gouvernement	1808 voix.
Opposition	4326 voix.

C'est un beau résultat pour l'opposition en général, mais il est encore plus beau pour l'opposition démocratique.

On niait la force de l'opposition démocratique à Caen, on trouvait mille prétextes pour donner des causes diverses aux votes précédents, mais cette fois la démocratie s'est affirmée d'une façon positive.

Sur les 1800 voix données à M. Bocher, il y en a certainement deux ou trois cents qui appartiennent à des personnes votant habituellement pour le gouvernement, mais le reste des voix appartient à la démocratie. Or, nul ne contestera que les 900 citoyens qui nous ont fait l'honneur de choisir notre nom pour affirmer leur opinion politique, ne soient des démocrates : donc, la démocratie compte aujourd'hui à Caen une force imposante de 2 mille 500 voix !

XII

Que ferons-nous de la Victoire.

Mais il ne suffit pas de former une légion et de vaincre, il faut savoir donner à notre victoire, dès aujourd'hui, un but utile et profitable aux intérêts de notre cité.

Ce but est clair et simple :

1° Révision de nos finances ;

2° Abolition de l'octroi ;

3° Suppression de l'exercice.

On sait combien les visites des commis, sous le nom d'exercice, sont pénibles pour tous ceux qui s'occupent du commerce des liquides.

On sait que l'octroi rend la vie beaucoup plus chère, entrave le commerce et coûte des sommes énormes entièrement perdues en frais de perception.

Mais peu de personnes connaissent l'état de nos finances; le voici en quelques mots :

En 1847, avant *l'avénement* de M. Bertrand, le budget était d'environ 700,000 fr., sur lesquels on payait par l'octroi 460.000 fr.

Sous le *règne* de M. Bertrand le budget est monté à près de 1 million 100,000 fr., et nous payons par l'octroi en 1868 660,000 fr.

Ce n'est pas tout :

En 1854, les intérêts que la ville avait à payer pour ses dettes étaient de 8,000 fr., plus 15,000 fr. d'amortissement pour la salle de spectacle.

En 1868, après quinze ans d'empire et dans la vingtième année du règne de M. Bertrand, la ville, pour l'intérêt et l'amortissement de ses dettes, paie 259,000 fr.

C'est incroyable, mais c'est vrai, on en peut trouver la preuve dans le budget imprimé pour 1868.

Ainsi avec M. Bertrand :

Les impôts de la ville ont augmenté de près de 400,000 fr. par an , dont 200,000 fr. sur l'impôt foncier, les portes et fenêtres et les patentes ;

Et 200,000 fr. par an, rien que sur l'octroi.

Et malgré cette augmentation de 400,000 fr. de plus d'impôts par an, nous avons fait 5 millions de dettes, pour lesquelles nous paierons 259 mille fr. d'intérêts et d'amortissement pendant 50 ans !

Ces chiffres sont officiels, on peut les trouver dans les budgets imprimés publiés par M. le Maire: nous défions de les contester, et nous en donnerons le détail par francs et centimes dans une publication sur l'abolition de l'octroi.

Voilà où nous en sommes !

Il y a dix ans, on aurait courbé la tête en disant : nous n'y pouvons rien, mais depuis le 24 mai, nous pouvons la lever et parler haut, nous sommes 4,300 mécontents, dont 2,500 démocrates, nous formons une imposante majorité, nous n'avons plus à craindre le vote des campagnes, nous sommes donc enfin les maîtres chez nous.

XIII

Conclusion.

Le suffrage universel est désormais la loi des peuples, il sera, si les gouvernements veulent comprendre les leçons qu'il donne, le principal levier des réformes sérieuses et de la civilisation à notre époque.

Chacun de nous doit donc, dans la mesure de ses forces, essayer de l'éclairer en lui reprochant et lui faisant toucher du doigt ses fautes et ses défaillances pour qu'il puisse s'en préserver une autre fois.

Nous avons vu l'affliction de nos concitoyens à la nouvelle du vote des campagnes et nous avons pensé qu'il fallait qu'une plume indignée dit hautement que l'ignorance, l'égoïsme et la peur sont de tristes mobiles auxquels il n'est pas permis d'obéir.

C'est aux honnêtes gens de tous les partis d'entreprendre maintenant cette œuvre d'enseignement, pour apporter peu à peu la lumière dans cette nuit profonde, pour faire comprendre toute l'importance d'un vote, pour montrer à chacun ses véritables intérêts.

Mais le meilleur de tous les enseignements, c'est l'enseignement pratique de l'exemple.

Cet enseignement, nous pourrons le donner l'année prochaine avec le plus grand éclat.

Nous avons été assez heureux pour voir se constituer, à Caen, une majorité qui demande des réformes, et qui sait que ces réformes consistent surtout dans la révision des finances, dans l'étude des moyens d'abolir l'octroi et de supprimer l'exercice.

Nous savons qu'une loi nouvelle soumet ces questions à la volonté du conseil municipal, et qu'il nous suffira pour les résoudre de nommer une majorité de conseillers décidés à nous débarrasser de ces abus.

Marchons donc vers ce but résolument, mais avec sagesse, avec union surtout et sans parti pris exclusif, et nous sommes sûrs de triompher. Les habitants des campagnes voyant la prospérité que nous aurons apportée dans notre ville, en ressentant eux-mêmes les avantages, voudront nous imiter, ils comprendront la haute importance d'un vote, ils ne le donneront plus sans savoir pourquoi ou par des motifs peu avouables, et nous arriverons ainsi à faire du suffrage universel pour nous et pour eux, au lieu d'une sorte d'instrument aveugle, l'agent intelligent du progrès pacifique, du bien-être et de la liberté.

Caen.—Imprimerie Nigault de Prailauné.